Thomas Schleiff

Da lacht der Kohlkopf!

Humor rund um den Kohl

Mit Zeichnungen
von Florian Huber

Husum

Umschlagbild von Florian Huber

Bibliografische Information Der Deutschen Bibliothek

Die Deutsche Bibliothek verzeichnet diese Publikation in der Deutschen Nationalbibliografie; detaillierte bibliografische Daten sind im Internet über http://dnb.ddb.de abrufbar.

2. Auflage 2006

© 2005 by Husum Druck- und Verlagsgesellschaft mbH u. Co. KG, Husum

Gesamtherstellung: Husum Druck- und Verlagsgesellschaft
Postfach 1480, D-25804 Husum – www.verlagsgruppe.de

ISBN 10: 3-89876-225-4
ISBN 13: 978-3-89876-225-0

Eine Kohlumne vorweg

Dieses Buch ist in Dithmarschen geschrieben und zusammengestellt. Das ist kein Zufall: der schleswig-holsteinische Landkreis Dithmarschen ist das größte geschlossene Kohlanbaugebiet Europas. Die feuchten Marschen und die frische Luft hinter den Deichen sind hervorragende Voraussetzungen für den Kohlanbau. 80 Millionen Kohlköpfe wachsen hier jährlich, also für jeden Deutschen ein Kohlkopf.

Wir tun hier in Dithmarschen einiges, um unseren Kohl in Szene zu setzen. Wie es anderwärts Winzerfeste gibt, so gibt es hier Kohltage; statt der Weinkönigin krönen wir eine Kohlregentin, in der Hebbelstadt Wesselburen steht ein *Kohlosseum,* und Kalender werden hier mit Kohlfotos als *Kohlender,* gestaltet. Man sieht: die Sprache hilft uns. Mit den vier Buchstaben „Kohl" lässt sich allerlei Heiteres aufstellen und mancher Kalauer, pardon *Kohlauer,* formulieren. Ja, der Kohl ist unerschöpflich, deshalb wird auch vieles über ihn *kohlportiert.* Sein Sozialverhalten ist äußerst interessant, weil er es mit vielen *Kohllegen* zu tun hat, die bekanntlich in größeren *Kohlonien* zusammenwohnen. Zum Glück ist er im Allgemeinen verträglich und im Prinzip niemals *kohlerisch.* Das wäre ja auch eine Katastrophe, bei so vielen Kohlköpfen neben sich würde Dickköpfigkeit ein friedliches Nebeneinander unmöglich machen. Allerdings kann unser Kohlkopf gelegentlich sehr *melankohlisch* werden, besonders, wenn man ihm in Zeiten der Überproduktion nachsagt, dass es „zu viel" von ihm gebe. Aber da kann der Mensch den Kohlkopf gut verstehen – auch wir sind ja nicht gerne überflüssig.

Im Übrigen ist der Kohl natürlich ausgesprochen gesund. Sehr empfehlenswert sind die *Kohlesterine,* wie man die winzig, winzig, winzig kleinen Kohlatome nennt, aus denen der Kohl besteht. Es gilt die Faustregel: Jedes gute *Kohlesterin* zerstört ein böses Cholesterin! Wer genügend *Kohlesterine* zu sich nimmt, der fühlt sich auf die Dauer mehr als wohl, er fühlt sich *kohl*. Mit anderen Worten: Kohl ist cool.

Bei der Möglichkeit zu so vielen *Kohlauern* ist eines erstaunlich: dass der Kohl für die Zungenbrecher noch nicht entdeckt ist. Hier ein Vorschlag:

„Der Kronprinzenkooger Kohlkoch krönte die Kronprinzenkooger Kohlkönigin mit einem kreisrunden Kronprinzenkooger Rotkohlkopfkochtopf." Zur Erklärung für Nicht-Dithmarscher: Kronprinzenkoog ist einer der Dithmarscher Köge, in denen der Kohlanbau betrieben wird.

Also bitte, warum immer nur: „In Ulm und um Ulm herum ..." Die Kohlkönigin von Kronprinzenkoog hat es schließlich auch in sich.

Im Blick auf das vorliegende Buch gilt mein Dank zunächst meiner Frau Erika für Anregungen und Kritik. Ein besonderer Dank geht an Herrn Studiendirektor Amandus Peters in Bielefeld. Er hat die plattdeutschen und hochdeutschen Texte kritisch durchgesehen. Viele seiner Vorschläge sind in die Texte aufgenommen worden. Was ich grundsätzlich Herrn Dr. med. Ernst Gerhard für mein Schreiben zu danken habe, gilt auch für dieses Buch.

In dieses Buch sind einige Kohlrezepte aufgenommen. Die durften dankenswerterweise entnommen werden den „Dithmarscher Spezialitäten", die herausgegeben sind vom „Landfrauenverein Marne und Umgebung".

Widmen möchte ich dieses Buch meiner Mutter, die mir zum Geburtstag immer mein Lieblingsessen gekocht hat: Kohlpudding. Das sind wechselnde Schichten von Weißkohl und Hackfleisch. Und wichtig war für mich dabei immer der Muskat in der Soße.

I.
Kleine Weisheiten rund um den Kohl

Wie gut, dass ich so rundlich bin

Es war einmal ein Kohlkopf,
der wollt' nicht in den Kohltopf.

Er rutschte von dem Herde
hinunter auf die Erde

und hüpfte aus der Küche.
Der Koch nahm seine Flüche

und lief ihm hinterdrein
und fing laut an zu schrein:

„Du Aas, du mieses Stück!
Du kommst sofort zurück!"

Doch draußen ging's bergab.
Der Koch lief zwar im Trab,

der Kohlkopf aber rollte
noch schneller, als er wollte –

er war ja kugelrund.
Der Koch, der lief sich wund

und konnte ihn nicht fassen;
er musst' ihn sausen lassen.

Dem Kohlkopf ging beim Lauf
ein Licht ganz plötzlich auf:

„Das also ist der Sinn,
dass ich so rundlich bin."

Vom Kohlkopf,
der gerne der rundeste sein wollte

Ein Kohlkopf wünschte sich so sehr,
dass keiner runder wär als er.
„Das", dachte er, „würd mir gefallen:
der rundeste zu sein von allen."

Er lebte nur zu diesem Zwecke:
Er wollte rund sein ohne Ecke,
kreisrund, ja das wär ideal
für eine „Mister-Kohlkopf-Wahl".

So ging er dran, in tausend Stunden,
sich ständig auf- und abzurunden.
Er liftete die kleinen Dellen
und glättete die schiefen Stellen.

Bei dieser Art, sich rund zu pflegen,
ward runder er als die Kohllegen.
Die andern staunten: „Donnerwetter!
Sind das auch alles echte Blätter?"

Der Kohlkopf war sehr stolz, mit Grund;
er war tatsächlich herrlich rund.
„Du bist", sprach's Spieglein an der Wand,
„der rundeste im ganzen Land."

Doch was wir auf der Welt erreichen –
wenn wir beginnen zu vergleichen,
dann werden wir nie richtig froh,
und auch dem Kohlkopf ging es so.

Denn nebenan war eine Wiese,
da spielten Hans und Anneliese;
sie spielten Ball im grünen Grase,
dem Kohlkopf grade vor der Nase.

Der Kohlkopf sah den Ball mit Schrecken:
„Der hat nicht mal die kleinsten Ecken!
Der hat ja eine Topfigur,
von so was träume ich doch nur,

nein, die bekomm ich leider nie,
trotz aller Schönheitschirurgie.
Ich bin und bleibe krumm und schief",
sprach unser Kohlkopf depressiv.

Doch half der Trost von den Kohllegen:
„Du brauchst dich doch nicht aufzuregen.
Der da ist künstlich hergestellt.
Wir sind Natur auf freiem Feld.

Gewiss, der Ball ist ideal.
Doch du, du bist ein Original,
und das hat Kanten und hat Ecken.
Die muss ein Kohlkopf nicht verstecken."

Der Kohlkopf als Querkopf

Ein kleiner Kohlkopf auf dem Feld
sah einst den Übermut der Welt.
„Die Menschen bilden sich was ein,
als würden sie wer weiß was sein.

Sie halten sich für helle Köpfe
und stecken uns in ihre Töpfe,
von da geht's ab in ihren Magen.
Doch wann hört man sie ‚Danke‘ sagen?

Ich weiß, wie man es denen zeigt:
Ab jetzt wird auf dem Feld gestreikt.
Ich Kohlkopf stelle mich mal quer
und wachse nun kein bisschen mehr.“

So ließ er denn das Wachsen sein
und blieb als Kohlkopf viel zu klein.
Die Menschen fragten: „Was ist los?
Warum wird dieser Kopf nicht groß?“

Sie taten dies und taten das,
doch Querkopf sagte nur: „Ach was,
ihr könnt mich noch so kräftig düngen,
ich lasse mich von euch nicht zwingen.

Dass ich aus Erde Kohlblatt mache,
ist eine kohlossale Sache –
dafür kenn ich persönlich nur
die geniale Rezeptur.“

Bei solch querköpfigem Betragen
knurrte den Menschen bald der Magen,
denn wovon wird man schließlich satt,
wenn man den Kohlkopf nicht mehr hat?

Da neigten sie sich zu ihm nieder:
„Ach Kohlkopf, bitte wachs doch wieder.
Wir pflanzen nur, wir geben zu:
Das Wachsen, Kohlkopf, das tust du!"

Der Kohlkopf drauf, in spitzem Ton:
„Ihr lerntet also die Lektion?
Ihr könnt zwar viele kluge Sachen.
Doch könnt ihr keinen Kohlkopf machen!"

Dann fuhr er fort, im Ton nun heiter:
„Na gut, dann wachse ich mal weiter.
Doch bleibt bescheiden, meine Lieben,
sonst lasse ich euch Kohldampf schieben."

P. S.
Von oben sah der Herr der Welt
auch auf den Kohlkopf auf dem Feld
und hörte seinem Reden zu –:
„Du sagst, das Wachsen, das tust du?

Das finde ich ja interessant,
mein kleiner Kohlkopf auf dem Land.
Kannst du mir das Rezept verraten
für deine kühnen Wachstumstaten?"

Da wurde unser Kohlkopf rot.
Er kam sehr in Erklärungsnot
und stotterte nervös herum:
„Mein Herr und Schöpfer, nimm's nicht krumm,

ich weiß – du mögest mir verzeihen! –
von dir kommt Wachstum und Gedeihen.
Ich hab ein wenig übertrieben
und mir die Leistung zugeschrieben.

Man kann auf Erden halt nicht leben,
ohne ein bisschen anzugeben."
(Auf Grund des Kohls Verlegenheit
gibt es auch *Rot*kohl seit der Zeit.)

Ambroce Bierce, aus „Wörterbuch des Teufels":
*Kohl, subst. masc., ein bekanntes Küchengemüse, etwa so
groß und klug wie ein menschlicher Kopf*

Ein Kohlkopf ist kein Hohlkopf

1. Kenner der Elemente

Gewiss, ich bin ein schlichter Kohlkopf.
Jedoch: ein Kohlkopf ist kein Hohlkopf.
Zum Beispiel in dem Fach Chemie
bin ich, der Kohlkopf, ein Genie;

denn ohne jedes Studium
erkenne ich Magnesium,
erkenn ich Schwefel, Eisen, Chlor
und hol sie aus dem Land hervor.

Auch kenne ich auf einen Blick
im Boden jedes Kupferstück.
Das alles hol ich aus der Erde,
damit ein Kohlkopf, ich!, draus werde.

Ich frage: Wer von euch wohl kennte
so gut wie ich die Elemente?
Und wie ich sie so köstlich mische,
damit ich schmecke auf dem Tische!

2. Aufs Milligramm genau

Auch weiß ich milligrammgenau,
woraus ich mich als Kohlkopf bau,
obwohl ich selbstverständlich Mathe-
matik niemals als Schulfach hatte.

Nur ein paar Tausendstel an Grammen
fisch ich vom Kupfer mir zusammen.
Zu so was bin ich ohne Waage,
nur vom Gefühl her, in der Lage.

Am Kalium ist mir hingegen
der Menge nach viel mehr gelegen.
Da nehm ich Zehntel von dem Gramme
aus Mutter Erde, meiner Amme.

Macht mir dies Kunststück erst mal nach!
Ich bin im Kopfrechnen nicht schwach.
Ein Kohlkopf ist nicht unbegabt,
wie ihr nun wohl begriffen habt!

3. Kluge Köpfe

Aus Wasser, Erde, Sonnenschein
entfalte ich mein Kohlkopfsein.
Das hat kein Mensch für mich erfunden,
das lernt' ich nicht in Biostunden.

Ihr könnt mich pflanzen und bewässern,
ihr könnt mich züchten und verbessern.
Doch Gott allein schuf die Geschöpfe –
mich Kohlkopf und die andern Köpfe.

Er gab dem Einstein Kopf und Mähne
und mir gab er die Kohlkopfgene.
So bin ich also nun ein Kohlkopf,
jedoch ein Kohlkopf ist kein Hohlkopf.

Zur Information: 100 Gramm frischer Weißkohl enthalten 13 mg Natrium, 233 mg Kalium, 49 mg Kalzium, 20 mg Magnesium, 29 mg Phosphor, 0,4 mg Eisen, 37 mg Chlor, 0,14 mg Mangan, 0,06 mg Kupfer. Der ebenfalls erwähnte Schwefel ist mit 115 mg pro 100 Gramm im Grünkohl enthalten.

Kohlweißlings Dank an den Kohlkopf

Als ich, ein grüner „Schädling" noch,
als Raupe durch die Gegend kroch,
warfst du mich nicht von deinem Blatt.
Ich wurde fett und immer satt.

Die andern schrien alle „Iih!".
Doch du gabst Kost mir und Logis,
ganz kostenlos, ohne Gebühr –
Kohlkopf, ich danke dir dafür!

Ach, hättest du mir nicht erlaubt,
dass ich auf dir herumgeraupt,
dann könnt ich jetzt nicht fröhlich fliegen,
ich würde längst im Grabe liegen.

Das ist fürwahr ein tolles Ding:
Die Raupe wird zum Schmetterling.
So handelt Gott durch seine Gnade
an mir, der ich als Schädling schade.

Du hast in meinen Jugendtagen
mich still und liebevoll ertragen.
Für deine Langmut und Geduld
steh ich bei dir in Dankesschuld!

Der Hase im Kohlfeld

Im Kohlfeld einst ein Hase saß
und manches schöne Kohlblatt fraß.
Da kam ein grüner Mann daher
mit einem großen Schießgewehr.

Der Hase, voller Angst und Schrecken,
bat gleich den Kohl, ihn zu verstecken:
„Sonst kriegt der Jäger mich zu fassen
und ich muss diese Welt verlassen."

Der Kohlkopf sprach: „Hast du's vergessen?
Was hast du eben noch gefressen?
Du lässt dir meine Blätter schmecken,
und dafür soll ich dich verstecken!"

Worauf der Hase plapperte:
„Das Bisschen, was ich knabberte!
Davon gehst du bestimmt nicht ein.
Dein Ende wird ganz anders sein:

Der Mensch, der kommt zu dir im Herbste
mit einem Messer – und dann sterbste.
Der Mensch, der fackelt gar nicht lange."
Da ward dem Kohlkopf angst und bange:

„Ist dieses, Hase, unsre Lage,
dann ist es für mich keine Frage:
Ich werd dich gegen diesen Schützen,
so gut ich kann, jetzt unterstützen.

Wenn die da über Leichen gehen,
dann müssen wir zusammenstehen.
Doch schnell jetzt! Schluss mit der Debatte!
Verkriech dich unter meinem Blatte!"

Der Hase sprach: „Ich danke dir",
und sprang geschwind ins Kohlquartier.
Gerade drückt der Grüne ab.
Vorbei!! Er lebt! Mensch, war das knapp!

Melankohliker

Nur selten sind wir einverstanden
mit jener Anzahl, die vorhanden.
Das Klagen hört man allgemein:
Mehr sollten's oder wen'ger sein.
Zu wenig Deutsche, zu viel Inder,
zu viele Alte, wenig Kinder,
zu viel Pastoren und Friseure,
zu wenig Tiefbau-Ingenieure.

Auch mit dem Kohl treibt man dies Spiel.
Vor allem heißt es oft „zu viel"!
Nach einem guten Erntejahr,
wo auch der Kohl recht reichlich war,
geht mancher Kohlkopflebenslauf
dann äußerst schleppend zum Verkauf.

Ein Kohlkopf liegt in diesem Falle
auf Vorrat in der Lagerhalle.
So mancher liegt dort ziemlich lange
und dabei wird ihm angst und bange:
„Man hat mich hier wohl ganz vergessen.
Kein Mensch, so scheint es, will mich essen.
Verkauft sind Bruder, Schwester, Schwager;
nur ich, ich liege noch auf Lager."

Ja, es ist wahrlich kein Vergnügen
für einen Kohlkopf, dort zu liegen.
Er fühlt sich nämlich auf dem Lager
als schlechter Kohlkopf und Versager.
So kann ein Kohlkopf hier auf Erden
enttäuscht und melankohlisch werden.

Dank an den Winter

Dem Winter singt man gern „Ade".
Sein Scheiden, heißt es, tut nicht weh,
denn friert es draußen Stein und Bein,
dann sehnt man sich nach Sonnenschein.

Doch selbst die, die den Winter hassen,
die müssen ihm doch eines lassen:
dass er für das, was herzhaft schmeckt,
in uns den Appetit erweckt.

So schmeckt die derbe Grünkohlkost
besonders gut bei strengem Frost.
Auch wer den Grünkohl gerne mag,
isst ihn nicht gern am Sommertag.

Dem Winter ist darum zu danken,
grad wegen seiner kalten Pranken:
Nur weil er diese nach uns streckt,
erfahren wir, wie Grünkohl schmeckt.

Und das nicht wissen, das wär schade!
Ein Lob also auf Minusgrade;
denn für den Grünkohl, immerhin,
hat Kälte wirklich einen Sinn.

(Drum sage ich aus dieser Sicht:
Gäb es den Winter bei uns nicht,
man müsste ihn aus guten Gründen
des Grünkohls wegen rasch erfinden.)

II.
Derb, aber herzlich

Dat Gröönkohleeten

För Gröönkohl?! – dar leet Johann John
dat allerbeste Eeten stohn.

Nu keem de Wiehnachtstied heran,
dar sää he to sien Fru: „Mariann!
Weets wat: Wi reist mal beten rum,
kiek uns bi de Verwandtschaft um."

„Kloor, Mann!", meent se. „Dat lot uns mooken!
Denn bruk ick ne ganze Tied keen Eten kooken!"

He schreef an all een korten Breef.
(Wenn man sick anmeldt, geiht nix scheef.)

Nu keem de Reisedag heran.
De Kuffers packt sien Mariann.
Se meent: „Wi wüllt hier gau an't Enn
ton letzten Middag Gröönkohl hemm."

(De beiden kunnen ja nich weeten,
ob de Verwandten Gröönkohl eeten.)

Dorno packen se eer Krohm mit Hallo.
Eerst Statschoon weer Itzehoe:
De öllste Süster von Johann.
De keem glicks an de Huusdöör ran:

„Gooden Dag! Wie weer de Fohrt denn so?"
(Und eer Gesich dat strohl dorto.)
Ober glicks: „Johann, ick loot di weeten:
Hüüt schast bi mi mol Gröönkohl eeten.
Ick weet, dat is dien Leibgericht
und dat verdaarft dien Stimmung nich!"

„Na!", sä Johann, „dat's gorni leech,
dat eet ick twee Doog no de Reech!"

De Middagstied weer ok glicks door
und dat smeckt Johann wunnerboor.

Den annern Dag dor fohrt se denn
no Mariann eer Öllern hen.
De wohnen dor bi Wewelsfleth.
Und eer ol Mudder weet Bescheed.
Se sä: „Ick heff dat ni vergeeten:
Johann, du machst geern Gröönkohl eeten."

Und se meent dat ok würkli so.
De Vadder sää: „Nu lang man to!"

„Hier is ok Swiensback, mien Johann!
Nu hool di dor ok düchtig ran!"

Fru Mariann und eer Johann,
de schuult sick vonne Sieden an.

De eeten wol, dat smeckt ok good,
doch liekers haarn se nich veel Moot.

Und as de nächste Nacht to Enn,
fohrn se no Süderbrarup hen.
Mariann eer Broder, Waldemaar,
de arbeet dar bi een Notar.
Se klingeln door. Sien Fru keem rut.
Dor sä Johann glicks liekherut:

„Ick sää to Mariann jüst eeben,
bi di wart vundach Hähnchen geben!"
„Wat Hähnchen? – Hebbt wir güstern hatt.
Hüüt gifft dat Gröönkohl mit 'n fette Back!"

Süh! – Dor vertreck Johann sien Schnuut
und keek verdwaars ton Finster rut.
Und weller gungt ant Middacheeten.
Fruu Uschi sä: „Heff dat ni vergeeten,
dat Johann so geern Gröönkohl mach.
Und dorum heff ick mi so dach:
Dat schusst du denn für em mol kooken,
um em een lüttje Freud to moken!"

Se eeten langsam, nich so dull,
und weern no'n korte Tied all „vull".
Hier geef dat liekers nette Stünn
und annern Dag schien ok de Sünn.

Nu gung dat denn na Flensburg dohl.
Johann sä: „Hüüt gifft dat dor wiss Ool!
Mien Mudder inne Norderstroot
is jümmer bannich good op Droht!"

Jüst sünd se inne Huusdöör kohmen,
dor hebbt se Fischgeruch vernohmen.
„Dor!", sä Johann, „wat ick di secht!
'n brooden Ool! Dats gorni slecht!"

Sien Mudder aber, de wohnt boben,
und as se een Trepp hööger kohmen,
dor boben rüük dat ni no Fisch,
de steiht wohl ünnen op den Disch.
Denn klingeln se dor anne Döör,
dar steiht sien Mudder all dorvör.
 Und Mudder freiht sick, dat is kloor:
„Na Kinners! Sünd jüm würkli door?!
Kohmt rin! Nehmt aff! Und sett sick dohl!
Ick kiek blots na mien Gröönkohl mohl."

Dat Muul blifft beide open stohn.
Am leevsten weern se weller gohn.
Johann sä liesen: „Kannst nix mooken.
Wat hebbt wi beide blots verbroken?!"
„Dat loot man sien!", sä Mariann.
„Vunnobend noch, mien leeve Mann,
fohrt wi torüch na Arlewatt.
Von't Gröönkohleeten sünd wie satt!"

Und de Moral von de Geschich?
Verrot dien Lieblingseeten nich!

Max Sönksen, Leck, veröffentlicht Dez. 1975
im Nordfriesischen Tageblatt

Hochdeutsche Nachdichtung von „Dat Gröönkohleeten"

Von Grünkohl, richtig schön mit Speck,
ist Johann John ganz hin und weg:
„Was? Grünkohl? Das ist ein Gedicht!
Ja, Grünkohl ist mein Leibgericht."

Es kam die Zeit der Christbaumtanne.
Da sagte er: „Du, Marianne,
Lass uns mal zu Verwandten fahren.
Wir war'n nicht da seit vielen Jahren."

„Na klar!", sagt Marianne John.
Sie freut sich auf die Reise schon
und hofft, es bleibt wie abgesprochen.
Mal eine Woche nicht selbst kochen!

Johann hat allen noch geschrieben:
„Wir kommen zu Besuch, ihr Lieben."
Das fordert schon die Höflichkeit:
Man kommt nicht einfach reingeschneit.

Am Tage vor der großen Reise
kocht sie die Leib- und Magenspeise,
den Grünkohl, den er doch so liebt.
Wer weiß, wann es den wieder gibt!

Dann geht es los. In Itzehoe
begrüßt ihn Wiebke mit Hallo.
Das ist die Schwester von Johann.
„Moin, moin, Johann und Mariann!

Kommt rein, wie war die Fahrt denn so?
Ging's glatt?" Sie strahlt. „Da bin ich froh!"
„Gleich gibt's, was du so gerne isst,
ja, Grünkohl gibt's, weil du da bist."

Da denkt Johann: „Den zweiten Tag
ess ich Kohl gern, weil ich ihn mag."
Der Mittagstisch ist schnell gedeckt.
Man sieht, wie es dem Johann schmeckt.

Am nächsten Tage geht es dann
hin zu den Eltern von Mariann.
Die wohnen da bei Wewelsfleth.
Die Hausfrau schon am Zaune steht.

Was sagt sie gleich zum Schwiegersohn?
„Hast du auch richtig Hunger schon?
Das weiß ich ja, hab's nicht vergessen:
Du magst so gerne Grünkohl essen."

Sie will für ihn ja nur das Beste:
„Nun iss mal tüchtig, immer feste.
Dazu gibt's Rückenspeck vom Schwein."
Und Johann denkt nur: „Muss das sein?"

Obwohl bei Grünkohl sonst gefräßig,
verzehren sie ihn heute mäßig –
doch haben sie sich so verstellt,
als wär's das Schönste auf der Welt.

Nach Süderbrarup geht's dann hin,
zum Bruder und zur Schwägerin.
Der Bruder, der heißt Waldemar,
ist Rechtsanwalt und auch Notar.

Johann riecht's sofort in der Luft
und ist begeistert: Hähnchen-Duft!!
„Ich freu mich, dass ich bei euch bin.
Gibt's Hähnchen bei dir, Schwägerin?"

„Nein, Hähnchen gab es gestern erst.
Ich weiß, dass du auf Grünkohl schwörst.
Den sollst du heute auch bekommen.
Ich hab's mir extra vorgenommen."

Johann muss sich zusammenreißen
und sich auf seine Zunge beißen,
sonst merken sie in diesem Haus:
Grünkohl hängt ihm zum Halse raus.

So heuchelt er als guter Gast:
„Wir freun uns, dass du Grünkohl hast."
Die Schwägerin ist ganz gerührt:
„Ich weiß doch, was dich zu mir führt."

Sie essen nur ein Minimum
und kauen lange drauf herum.
Sie kriegen es, mehr matt als munter,
am Ende aber tapfer runter.

Nach Flensburg fahren sie sodann,
und zwar zur Mutter von Johann.
Die beiden hoffen auf was Leichtes –
denn an dem Grünkohl – ja da reicht es.

Da steht die Mutter, grüßt auch schon
die Schwiegertochter und den Sohn.
„Johann, die Mutter kennt ihr Kind,
ich weiß, was deine Wünsche sind.

Ich weiß, dass du auf Grünkohl stehst,
schon seit du in die Schule gehst.
Weil Mutterliebe nie erlischt,
wird heute Grünkohl aufgetischt."

Marianne wird ganz blass und stumm,
Johann dreht sich der Magen um,
er denkt: „ Es ist mein Leibgericht.
Doch noch mal? Nein, das schaff ich nicht.

Ich mag nicht mehr!" Doch tut Johann
der alten Mutter das nicht an.
Er sagt's ihr nicht und spielt erneut,
als wäre er zutiefst erfreut.

Nur leise sagt er zu Mariann:
„Ich kann da nicht mehr gegenan!
Was haben wir denn bloß verbrochen,
dass alle für uns Grünkohl kochen?"

Zu Hause dann, in Arlewatt,
da hatten sie den Grünkohl satt
und wussten nun am Reiseziel:
„Es gibt des Guten auch zu viel."

Und die Moral von der Geschicht?
Verrate nie dein Leibgericht!

Gröönkohl mookt slank

Kiek di den Teller Gröönkohl an!
Wat liggt dor allens op, o Mann!
Kantüffeln, Swiensback, Wuss in Fett:
de Kellner swoor to bören hett.

Den dorsten Teller lerdig eeten
is gonni licht, dat schullst du weeten!
Dat is ook Arbeit, streng di an –
as man hier seggt: Nu hol di ran.

Een Minsch kummt bi dat Gröönkohleeten,
as bi de Arbeit, ook in Sweten.
För Arbeit bruukst du Kalorien.
Dat kunn doch ween, nu mutt ik grien':

Du nimmst bi't Gröönkohleeten af,
denn Arbeit kost uns Minschen Kraft.
So eet din Teller man gau blank:
Bi't Gröönkohleeten warrst du slank.

Silberkohl

Ein Kohlkopf ist, das legt sich nah,
zunächst einmal zum Essen da.
Doch löst er manchmal außerdem
auch überraschend ein Problem.

So ist es mir mal widerfahren
zu Weihnachten vor vielen Jahren,
am Heiligabend wunderbar,
der zudem noch ein Sonntag war.
Ach, eilig ging es zu, wie immer.
So stand ich denn im Weihnachtszimmer
– mal wieder auf den letzten Drücker –
als der Familienchristbaumschmücker.
Ich nahm die Kugeln, Kerzen, Sterne,
die Schäfchen, Hirten mit Laterne,
die bunten Schokoladenkringel
und ein paar Glöckchen mit Geklingel,
jedoch zum Schluss – o Donnerwetta –
da fand ich nirgends das Lametta.

Da wurde meiner Frau ganz heiß,
sie stotterte: „Ja, ja – ich weiß,
im letzten Jahr war's ganz zerschlissen,
da haben wir es weggeschmissen!
Und in dem Trubel dieser Wochen,
bei all dem Kaufen, Backen, Kochen,
vergaß ich, neues zu besorgen –
wir müssen was von Nachbarn borgen.“

Die Nachbarn links, rechts, drunter, drüber,
die hatten kein Lametta über.
Da schauten wir uns an, verdrossen:
„Auch Läden sind ja heut geschlossen.“
Mir selbst fiel der Verzicht nicht schwer:
„Der Baum ist schön, was wollt ihr mehr?

Auch so! Wenn erst die Kerzen glühn ..."
Den Kindern war er viel zu grün,
und meine Frau im Trauerton:
„Lametta ist doch Tradition."
Was soll ich tun bei dem Gezeta?
Ich suche weiter nach Lametta.
Und wie ich hier und da geschaut,
find ich – zwei Dosen Sauerkraut.
Ich lese: „Hengstenberg Mildessa" –
was wär in diesem Falle bessa?

Schnell wird der Deckel aufgedreht,
das Kraut gepresst, so gut es geht,
zum Trocknen einzeln aufgehängt
und dann gefönt, doch nicht versengt!
Die trocknen Streifen, gelb-geblichen,
mit Silberbronze angestrichen.
Zum Fest ein neues Silberkleid –
o freue dich, du Christenheit!

So hängt denn nun, man glaubt es kaum,
ein Silberkohl am Weihnachtsbaum.

Die Woche drauf saß ich gemütlich
und las in meiner Zeitung friedlich,
als meine Frau sprach: „Du mein Bester,
es kommen heute zu Silvester
die Schulzes abends mit Herrn Meier
und Lehmanns zu 'ner kleinen Feier.
Wir werden leben wie die Fürsten,
ich mache Sauerkraut mit Würsten."

Doch sieht sie, wie sie um sich schaut,
am Baum das Silbersauerkraut:
„Ach, ich vergaß es zu besorgen,
wir müssen was von Nachbarn borgen."

Die Nachbarn links, rechts, drunter, drüber,
die hatten – „leider" – keines über.
Da schauten wir uns an, verdrossen –
die Läden waren ja geschlossen.

So wurd ich wieder mal zum Retta:
ich nahm vom Baume das Lametta.
Mit Terpentin und mit Bedacht
hab ich das Silber abgemacht,

das Kraut sehr gründlich noch gewässert,
mit reichlich Essig es verbessert,
dazu noch Nelken, Pfeffer, Salz
und Curry, Ingwer, Gänseschmalz.
Das Ganze schien mir fast perfekt:
„Ich glaube nicht, dass man das schmeckt!"

Als das Mahl auf dem Tische stand,
geschah dann doch noch allerhand.
Frau Schulze sprach: „Pardon, ich niese."
Aus ihrer Nase flog 'ne Prise
von Silbersternen durch das Zimmer –
und man bestaunte das Geflimmer.
Franziska Lehmann sprach zum Franz:
„Dein Goldzahn hat heut Silberglanz."

Doch letztlich hat niemand gerochen,
was wir am Sauerkraut verbrochen.

Beim Abschied sprach der Franz zu mir:
„Du hast es sehr gemütlich hier.
Doch wär der Weihnachtsbaum viel netta,
hättst du daran auch noch Lametta!"
Ich sagte lächelnd: „Du hast Recht,
Lametta wär gewiss nicht schlecht.
Im Jahre, das nun angefangen",
und ich sah auf des Freundes Wangen
so kleine Silbersterne-Fleckchen,
„da kaufe ich gleich hundert Päckchen."

*Auf das Gedicht wurde ich durch Herrn Harry Kurz aus
Eutin aufmerksam. Trotz Bemühungen ist es mir nicht
gelungen, den Verfasser ausfindig zu machen. Der Text
wurde von mir an einigen Stellen für die Zwecke des Bu-
ches bearbeitet.*

T. S.

Dat „Greune Gold"

Wi plannt bi uns keen Zuckerrohr
un ok keen Appelsien,
keen Ananas un keen Zitron,
keen Kokosnööt un keen Banon,
dat loot wi beter sien.

So wasst bi uns keen Swatten Tee,
dat weer doch blots Dummtüüch,
un Tobak plannt wi ok ni veel,
keen Peper un keen Stangkaneel,
dor holt wi uns torüch.

So'n snockschen Kroom, den wüllt wi ni,
dor kann een lang op luurn,
keen dat ni passt, wiest wi de Hark,
dat hett de Swatte Garr al markt,
denn wi sünd friee Buurn.

Bi uns, dor is de Kohl to Huus,
in't Maschland achtern Diek,
he is för uns dat „Greune Gold",
un eens mookt uns besunners stolt:
an Kohlköpp sünd wi riek.

He wasst bi uns in Witt un Root,
mol glatt un ok mol kruus,
so kreeg de ganze Welt gau klook,
de Kohl is nirgendwo so goot
as hier bi uns to Huus.

Gerhard Matzick

Aus dem „Metzelsuppenlied"

Auch von Ludwig Uhland gibt es rühmende Verse über das Sauerkraut. Es handelt sich dabei um eine Strophe aus seinem „Metzelsuppenlied", einem Preislied auf ein Schlachtfest.

> Auch unser edles Sauerkraut,
> wir sollen's nicht vergessen;
> ein Deutscher hat's zuerst gebaut,
> drum ist's ein deutsches Essen.
> Wenn solch ein Fleischchen, weiß und mild,
> im Kraute liegt, das ist ein Bild
> wie Venus in den Rosen.

In Wirklichkeit ist es so, dass die Amerikaner und Franzosen durchschnittlich mehr Sauerkraut verzehren als die Deutschen. Nationalgericht ist das Sauerkraut bei den Elsässern. Es gab Sauerkraut schon bei den Griechen und Römern. (Nach H. H. von Wimpfens Buch „Sauerkraut")

Loblied aufs Sauerkraut

Fehlt dir, o Mensch, die Harmonie
in deinem Innenleben,
so wird dich eine Symphonie
zu reinen Höhen heben.

Aus Sauerkraut besteht sie und
Schweinshaxen, rosig runden,
und war dein Herze noch so wund,
es wird sogleich gesunden.

Otto Julius Bierbaum

Överbleven

Na den eersten Frost, denn is dat so wiet,
denn fangt se an, de feine Gröönkohltiet.
Ok Miete un Korl harrn dorop so'n Smacht.
Tosamen mit Frünnen harrn se sik dacht:
Wi gönnt uns dat in den besten Kroog,
wo dat smackhaft is un rieklich 'noog,
wo se Gröönkohl kaakt na Huusfruunwies,
schall uns nich ankamen op den Pries!
Gröönkohl, Kaakwurst, Swiensback mit Swoort,
Kantüffeln, kaakt oder braadt op de söte Oort!
To afmaakte Tiet in de Avendstünnen
drepen se sik in den Kroog mit de Frünnen.
Mit Döst, de groot, un en Magen, de leer,
maken se sik över den Gröönkohl her.
De deftige Swiensback mit Semp doran,
worr vertehrt, so as weer dat Marzipan.
Se löven dat Eten un spölen dat mit
Kööm un Beer, mit Water un Aquavit.
So veel se sik harrn Möög ok geven,
in de Schötteln weer wat överbleven.
Miete dach: „Nee doch, all de feine Kraam
is veel to schaad, um wegtokaam'n!"
Achter vörholen Hand, dor fraag se lies:
„Krieg ik för den Hund wat mit von de Spies?"
„Siet wann hebbt se en Hund denn kregen?",
plinkern de annern, grienen un swegen.
Miete steeg in't Auto mit twee Paketen
un dach: „Morrn hebbt wie feinet Middageten."
Sä de Navers Bescheed: „Ik heff dat redig,
kaamt röver, kaken deit hüüt nich nödig!"
Doch as se hoochlüch dat sülvern Papier,
vergeet se vor Schreck dat Luftholen schier!
Se harrn ehr inpackt von't Eten den Rest,
von den Gröönkohl, ok von anneren Gäst:
Knaken un Swarten un Gröönkohl un Schüü,
Kantüffeln un Pudding mit Slackermaschüü!

Anne Mentzer

Schade um die Reste

(Angeregt von den plattdeutschen Versen von Anne Mentzer ist hier dasselbe Thema nun noch einmal hochdeutsch
behandelt.)

Ein Paar geht heut' zum Essen aus.
Die Frau heißt Grit, der Mann heißt Klaus.
Sie tun es selten, ausnahmsweise,
sie denken schließlich an die Preise,
doch mindestens einmal im Jahr –
und zwar im Monat Februar –
gehn sie ins Gasthaus „Alte Post",
dort gibt es beste Grünkohl-Kost.

Berühmt sind die für ihren Kohl
und Grit weiß ganz genau: „Obwohl
ich eine gute Köchin bin,
krieg ich den Grünkohl so nicht hin."
Es schmeckt ganz einfach wundervoll,
mit Wurst und Speck, wie es sein soll.

Doch weil uns (anders als Kamelen),
die Vorratskammern leider fehlen,
fragt man bei uns nach jedem Fest:
Was machen wir nun mit dem Rest?
In diesem Sinn sagt Klaus zur Grit:
„Am liebsten nähm ich alles mit,
den Kohl, die Wurst, den Speck, nach Haus;
doch frag ich mich: Wie sieht das aus?"
Auch Grit tut es von Herzen Leid
um all die Grünkohlherrlichkeit,
sie sagt: „Mir geht's wie dir, mein Klaus,
ich nähm es gerne mit nach Haus,
doch würde ich mich schrecklich schämen,
es einfach so mit mir zu nehmen,
ich tu es nur mit gutem Grunde:
,Wir brauchen es für unsre Hunde.'"

Den Wirt ruft Grit gleich kurz entschlossen:
„Herr Wirt, wir haben es genossen.
Tun Sie den Rest doch in Papiere,
wir haben nämlich Hundetiere."
So nehmen sie es fröhlich mit
und freuen sich mit Appetit,
denn morgen gibt's, was beiden schmeckt:
den Grünkohl, den sie eingesteckt.

So packen sie, zurück zu Haus,
den Segen voll Erwartung aus:
Du meine Herrn! Der Wirt, wie's scheint,
der hat es wohl zu gut gemeint:
Er nahm nicht nur die Grünkohlreste,
nein, auch noch die der andern Gäste,
was übrig blieb an allen Tischen
von Braten, Pudding und von Fischen,
von abgenagten Rinderknochen
– von allem, was die Köche kochen –
von Eisbein und von Karbonade,
von Grützwurst, Schinken, Schokolade.
In summa wären diese Pfunde
wohl insgesamt für sieben Hunde
wahrhaftig ein gefundnes Fressen –
hätten sie Hunde nur besessen!
Jedoch es bellt bei Grit und Klaus
kein einz'ger Hund in ihrem Haus.
Ihr ahnt es schon: das mit den Hunden
war nur als Vorwand frei erfunden.
So wünschen wir denn Klaus und Grit
zu diesem Segen Appetit!

Reis na Lübeck

Een ooles Fehmarner Ehepoor kummt von' Knust dat erste Mol no Europa opt Festland. De Reis schall na Lübeck gohn. Dat is all een beschwerlich Saak – per Fährschipp, Isenbohn usw., aber se hebbt datt schafft und sünd in Lübeck ankomen. As se op denn Bohnstieg stoht, leest Mudders een Schild mit de Opschrift „Geleise". Se seggt erschrocken: „Vadders, treck de Schoh ut, hier mut man lies gohn." Vadders treckt de Schoh ut, Mudders treckt de Schoh ut, und so koomt se op Socken bi Karstadt an. Mudders will sick een niegen Regenschirm köpen. Se geiht op den Portier to und seggt: „Goden Dag, Herr Karstadt, ick har gern een Schirm." De Portier, durch disse Anred sehr geschmeichelt, seggt: „Erste Stock". Quatsch, denkt Mudders und geiht op den ersten Verkopstand to und fröcht dor na een Schirm. „Erste Stock", gift de Verköperin to Antwort. So geiht dat ok noch an de annern Stände. Se kümmt no Vadders trüch und seggt: „Hier künnt wie keen Schirm köpen. De seggt all, wie möt erst een Stock köpen". De beiden goht wieder. Mudders füll noch wat in, wat se bruken dee. „Vadders", seggt se. „Wi möt noch een Spegel köpen." No lang Söken, immer noch de Schoh in de Hand, find se ok dat richtige Geschäft. Denn Spegel harn se schnell utsökt. De Verköper frogt höflich: „Darf ich Ihnen den Spiegel einschlagen?" „Nee, nee", seggt Mudders entsetzt, „kaputte Spegels hebbt wi to Hus genog."

   Dor se nu schon mol in de Stadt sünd, wulln se denn ok geern mol int Theoter gohn. „Was ihr wollt!", seggt de Kortenverköperin. Tja, wat wüllt wi denn? Vadders grübelt und denkt, wat för Theoterstücke he von de School her kennt. Plötzlich strahlt he: „Denn nehmt wi ‚Wilhelm Tell'!" Aber in nächsten Moment ward he todernst, dor steiht anschlogen: „PROGRAMM 10 Pf.". Flink geiht he to Mudders trüch und seggt: „Hier künnt wie nich rin, hier möt wi na Gewicht betolen, pro Gramm 10 Pf. steiht dor,

44

und dat is bi dien twee Zentners doch to dür." Mudders weer de Pries für een Theoterbesök ok to hoch.

Von disse ganzen Erlebnisse in de Stadt sünd se hungrig und möd worden. Also sökt se sich een Hotelzimmer. Doppelzimmer wer keen mehr frie, se möten sick mit twee Eenzelzimmer begnögen. Vadders seggt: „Dat mokt nix, mien Olsch hev ick ja jede Nacht bi mi".

Bevor se slopen goht, wüllt se noch wat eeten. Se goht in dat Restaurant. De Ober bringt de Spieskort. As erstes stünn op de Kort KOHLSUPPE. Vadders seggt: „Denn ganzen Dag seh ick op Fehmarn de Kohlköpp, und nun schall ick in Lübeck Kohlsupp eeten, nee." As tweetes stünn op de Kort KARBONADE.

„Karbonod", seggt Mudders, „wi hebbt sülben ein Schwien slacht, dat könt wi ok to Hus eeten." „Aber hier", seggt Vadders, „hier steiht MENÜ." – „Dat nehmt wi, dat hört sick so schön französisch an", seggt Mudders.

Se bestelln sick dat Menü.

As Erstes bringt de Kellner de Vörsupp: Kohlsuppe. „Nee, dat is ja Bedruck, dat eet ick nich", seggt Vadders. Mudders wörgt sick de Supp hendol.

As zweeten Gang gev dat denn – Kotelett. „Mensch Mudders, dat is ja Karbonod", seggt Vadders. Aber dat eeten se denn doch op. No'n Eeten sünd se rechtschaffend möd und goht op ehr Zimmer. Int Hotelzimmer nebenan is de Gast krank, he hett Kolik und brukt een Inloop von denn Dokter. De kümmt noch in de Nacht, irrt sick in de Dör und geiht bi Vadders rin.

Vadders, ganz verslopen, let sick denn Inloop moken.

He denkt, dat hört ton Service vont Hotel.

Dorno har he een unruhige Nacht und wer froh, as he denn annern Dag wedder in Zuch Richtung Fehmarn sitt.

To Hus ankoomen, vertellt de beiden ehr Nachbarn und Bekannten: „Fohrt bloß nich na Lübeck! Dor möt ji op Socken dörch de Stadt lopen. Wenn ji bi Herrn Karstadt een Regenschirm köpen wüllt, denn möt ji erst een Stock köpen. Köpt ji sick een Spegel, denn slocht se all in Loden twei. Int Theoter möt ji nach Gewicht betolen.

Dat Schlimmste aber is: wenn man int Hotel sien Kohl-supp nich eeten deit, denn wart se di nachts achtern rin-stoppt."

(Verfasser unbekannt)

III.
Kahlköpfiges

Schäume sind Träume

Ein Kohlkopf ging einst zum Friseur.
Jedoch der sprach: „O welch Malheur!
Sie sind ein Kahlkopf und an Ihnen
kann ich nicht einen Cent verdienen."

Der Kohlkopf sprach zu dem Barbier:
„Ich weiß, ich bin nicht richtig hier.
Von Jugend an schon trag ich Glatze.
So wär ich hier wohl fehl am Platze."

Und doch, Barbier, zieht's mich zu Ihnen,
dass Sie mich richtig schön bedienen.
Ich hab seit jeher einen Traum:
die Nassrasur mit echtem Schaum.

Ich weiß, nicht um den Bart zu stutzen –
nur aus Vergnügen, ohne Nutzen.
Zwar findet sich an mir kein Haar,
doch kriegen Sie Ihr Honorar!"

„Ja, wenn es so ist, kein Problem.
Dann machen Sie es sich bequem."
Der Kohlkopf lehnt sich leicht zurück,
nun kommt der Inbegriff von Glück.

Schon wird der weiche Schaum geschlagen,
der Kohlkopf spürt es mit Behagen.
Dann kommt die Kunst der leichten Schwünge
mit scharfer und doch sanfter Klinge.

Der Duft. Das Prickeln auf der Haut.
Der Kohlkopf ist zutiefst erbaut:
Er liebt die ganze Prozedur
einer gepflegten Nassrasur.

Beglückt denkt auch der Herr Barbier:
„Ja, solchen Kunden lob ich mir.
Für den mag ich das Messer wetzen,
denn der weiß meine Kunst zu schätzen."

Der Kohlkopf dankt zum guten Schluss
dem Herrn Barbier für den Genuss.
Ihr meint, der Kohlkopf sei ein Narr?
Doch dieser lächelt: „L'art pour l'art!"

Das Toupet

Ein andrer Kohlkopf beim Friseur,
der sprach: „Sie sehen mein Malheur.
Sie haben, Herr Friseur, im Kittel
doch sicherlich ein Haarwuchsmittel."

„Hm, setzen Sie sich mal hierher",
sprach darauf zu ihm der Friseur,
„dann schaue ich mir einmal an,
was da vielleicht wohl helfen kann."

Nach längrem Blick sagt' er dann bloß:
„Mir scheint, der Fall ist hoffnungslos.
So wie ich Ihre Sache seh,
hilft Ihnen nur noch ein Toupet."

Der Kohlkopf sprach demgegenüber:
„Nein, eigne Haare wär'n mir lieber.
So ein Toupet da oben drauf,
das fällt vielleicht doch zu sehr auf."

Doch der Friseur macht' ihm nun Mut:
„Toupets sind heute ziemlich gut.
Da kriegen Sie eine Frisur –
fast schöner noch als die Natur.

Gerade Sie, Sie sollten's wagen;
Sie können es bestimmt gut tragen.
Bei Ihnen wirkt es ganz dezent.
Das merkt noch nicht mal, wer sie kennt."

So ließ der Kohlkopf sich beschwatzen …
Ihr Männer, steht zu Euren Glatzen!

IV.
Blick in die Geschichte

Kohlumbus
oder Nomen est omen

Kohlumbus dachte schon als Knabe:
„Was ich für einen Namen habe!
Das hat doch sicher einen Sinn,
dass ich *Kohl-umbus* heiß und bin.

Doch weiß ich – widewitt bum bum –
noch nichts vom Was, Wieso, Warum.
Was ist letzthin des Kohlkopfs Kern?
Das wüsste ich nur allzu gern!"

Doch eines Tages, siehe da,
was er *auf einem Kohlkopf* sah:
Ein Käfer – widewitt bum bum –
der krabbelte auf ihm herum.

Kohlumbus sah des Käfers Kreise
und staunte: „Der kommt bei der Reise
ja immerzu dort wieder an,
wo er die Krabbelei begann."

Kohlumbus wusste gleich: „Jawohl!
Der Globus gleicht so einem Kohl!
Da kommt man – widewitt bum bum –
auch einmal richtig ganz herum,

geht immer weiter, immer munter,
und fällt dabei doch niemals runter.

Auf einer Kugel, wie famos,
geht es ja stets von vorne los."

Kohlumbus ging drauf sofort hin
zum König und zur Königin:
„Oh Ferdinand und Isabell,
gebt mir ein Schiff, ich bitte, schnell:

Ich will es wie der Käfer machen."
Die beiden mussten schrecklich lachen:
„Kohlumbus, du bist nicht ganz schier.
Was meinst du mit dem Krabbeltier?"

Kohlumbus – aber – widewitt,
der hatte einen Kohlkopf mit
und machte dem Regentenpaar
mit diesem Kohlkopf alles klar.

Da sprach der gute Ferdinand:
„Kohlumbus, Freund, du findest Land.
Wir haben dich sehr wohl begriffen.
Fang morgen an, dich einzuschiffen."

So stach Kohlumbus denn in See,
vom Kohlkopf kam ihm die Idee.
Sein Name hat ihn drauf gebracht,
dass er es wie ein Käfer macht.

Dank jenem Kohl und dem Insekt
hat man Amerika entdeckt.
Was wir draus lernen, das ist dies:
Wie gut, dass er *Kohlumbus* hieß!

Wenn er nur Schmidt geheißen hätte,
dann *gäbe* es wohl – ja, ich wette! –
so etwas wie Amerika,
doch wir wär'n immer noch nicht da.

Ein kleines Völkchen, listenreich

In diesen Zeilen steht geschrieben
die reine Wahrheit, meine Lieben:
Was von der Schlacht zu Hemmingstedt
in keinerlei Annalen steht
und wir aus den Geheimarchiven
nunmehr ans Licht des Tages hieven.

Ihr wisst, was in Dithmarsia
um 1500 einst geschah:
Es kam ein großes Söldnerheer
nach Dithmarschen, ins Land am Meer.

Nun ging's mit Forke, Stein und Spaten
auf gegen die Berufssoldaten.
Der Feind schoss scharf aus allen Rohren,
Dithmarsia schien schon verloren.

Doch da bewährte sich aufs Neue
die dithmarsische Bauernschläue.
Sei es nun Wahrheit, sei's Legende –
es kam durch List zu einer Wende:

„Wir müssen Stärke demonstrieren,
dann werden sie den Mut verlieren.
Wir zwingen nur mit Phantasie
allein die Feinde in die Knie.

Wir täuschen ihnen einfach vor,
wir hätten ein Kanonenrohr,
und bauen hinterm Mündungslauf
die Munition in Türmen auf.

Mit etwas optischem Betrug
ist davon hier bei uns genug.
Wir halten sie mit Kohl zum Narren,
als würden wir vor Waffen starren."

So wurden denn mit Pferd und Wagen
die Kohlköpfe herbeigetragen.
Man holte sie von überall,
aus jedem Haus, aus jedem Stall,

wo immer man welche gefunden,
aus Marne, Lohe und aus Lunden.
Man holte sie von Feld und Fluren
von Weddingstedt bis Wesselburen.

Dem Feinde wurde richtig flau.
Denn diese List traf haargenau,
so wie der Hammer auf den Nagel –
man hielt den Kohl für Kugelhagel:

„Die haben Waffen ohnegleichen!
Die holen Kugeln von den Deichen!
Die fliegen uns nun um die Ohren.
O weh, o weh, wir sind verloren!"

So sank den Fremden denn der Schneid
schon *vor* der Schlacht und vor der Zeit:
Wie sollten sie die Schanze stürmen
bei so viel Kohlkopfkugeltürmen?

Die Dithmarscher gelten seitdem
als Feind und Gegner nicht bequem:
Ein kleines Völkchen hinterm Deich –
doch wie Odysseus listenreich.

Auch geht seither ein Sprichwort um:
„Die Dithmarscher, die sind nicht dumm!"
Ja, mancher sagt ganz unverhohlen:
„Die können einen schön verkohlen."

V. Kleine Kohlcharakterkunde

Der Grünkohl

Auch wenn's im Herbst schon friert und schneit,
steh ich mit krausem Blätterkleid
noch immer auf dem offnen Feld
als rechter Wind- und Wetterheld.

Und das bekommt mir gar nicht schlecht.
Ich denke nämlich: „Nun erst recht!"
Auch mein Geschmack kriegt bei dem Schnee
bekanntlich erst den letzten Dreh.

Drum sag ich dir: „Verzage nicht,
bläst steifer Wind dir ins Gesicht.
So mancher reift in harten Wettern.
Lern dies von meinen Grünkohlblättern."

Der Rosenkohl

Ich frag mich manchmal: Ach, wie kamen
die Menschen bloß auf meinen Namen?
Wer brachte sie auf die Idee?
Das war wohl eine gute Fee.

Man macht mir schon ein Kompliment,
wenn man mich bloß beim Namen nennt.
Beim Wort allein fühl ich mich wohl,
beim schönen Namen „Rosenkohl".

Für mich ist dieser Rose-Name
ein Loblied und ein Kosename.
Ich danke euch! Ihr hättet können
mich schließlich auch ganz anders nennen.

Was ihr an mir als „Rosen" rühmt,
sind „Knöllchen", sagt man's unverblümt.
Der „Knöllchenkohl" – stellt euch das vor! –
wie anders klänge das im Ohr!

Ihr aber sprecht mit süßem Mund:
„Ich möchte Rosenkohl – ein Pfund."
Wie können Namen doch betören!
Ich kann mich gar nicht satt dran hören.

Es lässt sich sicher nicht beweisen,
doch denk ich mir, bei euren Speisen
schmeckt ihr auch stets den Namen mit –
drum wünsch ich „Guten Appetit".

Der Weißkohl

An noblen Tafeln sieht man wohl
den Blumen-, Rot- und Rosenkohl,
das sind ja meine Kohl-*Kohllegen* –
doch was macht man mit mir hingegen?

Ich bin für euch normalerweise
im Eintopf eine Alltagsspeise.
Wenn man bei Menschen Hochzeit hält,
werd ich nicht auf den Tisch gestellt.

Da werd ich auch nicht eingeladen,
nicht mal in Form von Kohlrouladen.
Ich frage euch: Sind Weißkohlköpfe
denn etwa mindere Geschöpfe?

Der Rosen-, Rot- und Blumenkohl,
die haben Festtagsmonopol –
ich werde sonntags abserviert,
als Alltagskohl diskriminiert.

Ich melde mich hier mit Protest:
Auch ich will ab und an zum Fest!
Ich habe schließlich nichts verbrochen:
Man kann mich auch zur Hochzeit kochen.

Warum nur stets der Kohl, der rote?
Ich fordere die Weißkohlquote:
Es esse jede fünfte Braut
beim Hochzeitsmahl auch Weißkohlkraut.

Der Rotkohl

Ihr wisst, dass ich bei Hirsch und Reh
vor euch auf eurer Tafel steh.
Und auch bei Ente und bei Gans
bin ich dabei im Festtagsglanz.

Ich schätze diese Atmosphäre.
Ich danke für die hohe Ehre
und frage mit bescheidner Miene,
womit ich das denn wohl verdiene.

Nach Nährwert und nach Inhaltsstoffen –
ich sage es hier einmal offen –
hat doch der Weißkohl gleichen Wert,
der alltags nur steht auf dem Herd.

Was ist an mir wohl so viel netter
als just an meinen Weißkohlvetter?
Gewiss: Ich bin etwas pikanter
und farblich etwas interessanter –

jedoch: für mich allein genommen,
wär ich kaum je zu Ruhm gekommen.
Dass ich mit andern harmoniere,
ist das, wovon ich profitiere.

In einem bin ich einfach Klasse:
dass ich so gut zu andern passe!
Geschmack und Farbe im Menü:
Man braucht mich – das ist mein Genie.

VI.
Liebe, Spannungen und kleine Affären, angereichert mit einigen Rezepten

Arroganz

Herr Weißkohl sich verliebt bemühte
um eine Frau von Blumenkohl,
gleich seit er sie gesehen hatte.
Doch diese sagte arrogant,
was er nun gar nicht lustig fand:
„Mein Herr, Sie sind nur aus dem Blatte,
doch ich, das wissen Sie sehr wohl,
ich selbst, ich stamme aus der Blüte!"

Tiefe Liebe

Ein Kohlkopf liebte, und zwar sehr,
Kohlköpfchen auf dem andern Feld,
und diese bat ihn: „Komm doch her,
du bist mein Liebstes auf der Welt.“

Er wollte, doch er kam nicht weg
und hat sehr bald dann festgestellt:
Ein Kohlkopf kommt niemals vom Fleck,
er bleibt stets auf demselben Feld.

Daraus ist Folgendes zu schließen:
Als Kohlkopf lieben ist nicht leicht.
Es müssen leider Tränen fließen,
weil man die Liebste nicht erreicht.

Doch haben sie sich dann geschrieben –
der Wind beförderte die Briefe.
Auch so kann man einander lieben,
und solche Liebe, die hat Tiefe.

Kohloraturen

Ein Kohlkopf ließ sich dereinst küssen,
was wir ihm nicht verübeln müssen –
die Muse nämlich hat's getan.
So wurde er denn ein Sopran.
Seitdem hört man auf Feld und Fluren
gelegentlich *Kohloraturen*.

Gefüllter Kohlkopf mit Tomatensoße

Gefüllter Kohlkopf

2 kg Weißkohl
500 g gemischtes Hack
Salz, Pfeffer, Muskat
2 Brötchen, geweicht
250 g fein geschnittenen Kohl
2 Tomaten, schälen, aushöhlen,
würfeln

Weißkohl waschen, garen, Blätter ablösen, Fleischteig
kneten, Blätter auf ein Tuch legen, Fleischteig hinein, Fül-
lung mit dem Rest der Blätter bedecken, Tuch über Kreuz
knoten, Kochlöffel durchstecken, in kochendes Salzwasser hängen, 2 Std. kochen.

Tomatensoße

30 g Fett
40 g Mehl
250 g Tomaten
1 Zwiebel
$^1/_2$ l Wasser
Salz, Pfeffer

Einbrenne herstellen. Die gegarten Tomaten durch ein Sieb
geben, mit den fein gehackten Zwiebeln zur Einbrenne
tun. Mit Wasser auffüllen, abschmecken.

Dazu Salzkartoffeln reichen.

Keine Harmonie

Herr Grünkohl liebt Frau Blumenkohl
und steht für sie in Flammen.
Doch die ist davon nicht entzückt:
„Wir passen nicht zusammen!

Du bist so schrecklich dominant –
das muss ich dir mal sagen.
Kein anderes Gemüse kann
sich je mit dir vertragen.

Ich selber, lieg ich auf dem Teller,
bin tolerant und störe
den Spargel nicht und nicht die Bohne
und freu mich an der Möhre.

Jedoch mit Grünkohl harmonieren,
noch keiner hat's vermocht;
denn du beherrschst das ganze Haus,
in dem man dich gekocht.

Du wirst, ich weiß es, dich nicht ändern,
und deshalb seh ich klar:
Wir passen leider nicht zusammen
und werden nie ein Paar."

Grünkohl

2 kg Grünkohl
250 g Schweinebacke
1 Zwiebel
1 kg Kasseler
4 Kohlwürste
Schmalz

Kleine Pellkartoffeln
Butter, Zucker, Salz
Fett zum Anbraten

Grünkohl vom Stängel streifen, gut waschen, durch den
Fleischwolf geben. Schweinebacke zum Kochen ansetzen.
Kohl und angebratenes Kasselerstück dazugeben und garen lassen. Zum Schluss Kohlwürste zum Ziehen daraufge-
ben. Durch einen Stich Schmalz wird der Kohl blank.
Butter und Zucker karamellisieren. Kartoffeln darin gold-
braun bräunen, mit Fett weiterbraten.

Kartoffeln und Kohl einzeln anrichten.
Der Zuckertopf oder Sirup gehört auf den Esstisch.

Nur ein reicher Mann

Herr Kohlkopf, leider ohne Geld,
liebt eine von dem Nachbarfeld.
Die sagt: „Ich trink mit dir. Zum Wohle!
Doch lieb ich nur 'nen Kohl mit Kohle!"

Nicht nach ihrem Geschmack

Herr Grünkohl will Weißköhlchen locken,
er liebt sie heiß und heftig.
Jedoch die Kleine sagt ganz trocken:
„Du bist mir viel zu deftig."

Grünkohlsuppe

3 l Wasser
½ bis ¾ kg Speck
½ bis ¾ kg Grünkohl
125 g Hafergrütze
1 ½ kg Kartoffeln

Grünkohl entstielen, gewaschen durch den Wolf geben.
Alles 2 bis 3 Std. kochen. Zum Verfeinern nehmen wir
Fleischklößchen.

Kohleintopf

2 Pfd. Hammelfleisch
2 l Salzwasser, Pfeffer
1 mittleren Kohlkopf
2 Pfd. Kartoffeln

Fleisch in Salzwasser ankochen. Kohl und die in Scheiben
geschnittenen Kartoffeln darauf schichten, alles garen.
Fleisch herausnehmen, in Scheiben oder Würfel schneiden. Gemüse, wenn gewünscht, zerstampfen.

Weißkohlsalat mit Mayonnaise

500 g Weißkohl

Salatsoße:
1 Zwiebel, fein würfeln
2 Essl. Öl
4 Essl. Essig oder Zitronensaft
3 Essl. Wasser
Salz, Pfeffer, Zucker, Paprika

Weißkohl putzen, fein hobeln, zerstampfen.

Alle Zutaten gut verrührt zum Kohl geben.

Rotkohlsalat mit Preiselbeeren

500 g Rotkohl
100 g Preiselbeeren

Marinade Zitronensaft, Essig, Senf
Salz, Pfeffer

Rotkohl putzen, fein hobeln, stampfen. Preiselbeeren unterrühren. Marinade zum Kohl geben, abschmecken, durchziehen lassen.

Unsympathisch

Herr Kohlkopf liebte Bio-Köhlchen,
natürlich, frisch und jünger.
Sie gab Herrn Kohlkopf einen Korb:
„Du, Alter, stinkst nach Dünger!"

Sauerkrautsalat

1 Dose Sauerkraut
1 Dose Ananas
3 Äpfel
50 g ger. Mandeln

Saft des Krautes kurz ausdrücken, auflockern. Mit fein geschnittener Ananas, den geraspelten Äpfeln und Mandeln mischen. Ananassaft dazu, abschmecken, durchziehen lassen.

Sauerkrautsalat mit Äpfeln und Speck

Speck
1 Zwiebel
375 g Sauerkraut
2 geraspelte Äpfel
250 g Tomaten

Speck würfeln, auslassen. Gehackte Zwiebel darin dünsten. Alle Zutaten mengen. Äpfel raspeln, Tomaten fein schneiden. Beides vorsichtig mit dem Sauerkraut mischen.

Inhaltsverzeichnis

Die Texte sind, sofern nicht ausdrücklich anders gekennzeichnet, von Thomas Schleiff.